사랑하니까

이 도서의 국립중앙도서관 출판예정도서목록(CIP)은 서지정보유통지원시스템
홈페이지(http://seoji.nl.go.kr)와 국가자료공동목록시스템(http://www.nl.go.kr/kolisnet)에서
이용하실 수 있습니다. (CIP제어번호 : CIP2018008597)

사랑하니까

초판 1쇄 발행 2018년 3월 31일

저자 고연주

펴낸이 임정일. 임병천
펴낸곳 책나무출판사
출판신고 2004년 4월 22일(제318-00034)

주소 서울시 영등포구 신길3동 325-70 3F
전화 02-338-1228 **팩스** 0505-866-8254
홈페이지 www.booktree.info

ISBN 978-89-6339-573-9 03810

책나무시선집 192

사랑하니까

고연주 지음

사랑하니까 1

그대를 이렇게
가슴 가득 품고 있으니
나는 부자입니다
세상을 다 가진 것 같습니다.

사랑하니까 2

이 세상 그 어디에도
그대보다 멋진 사람이
보이질 않습니다
이미 눈멀고 귀 멀었나 봐요.

사랑하니까 3

거울 보고 깜짝 놀랍니다
고운 여인이
나를 빤히 쳐다보고 있습니다
사랑에 퐁당 빠진 나를
건져 주고 싶다 합니다.

사랑하니까 4

어느 날 꽃으로 피었습니다
그대는
나만의 꽃이라 말합니다.

사랑하니까 5

문득문득
그대가 보고파집니다
아직까지
허물 하나 발견하지 못했습니다.

사랑하니까 6

새벽녘 달에게 안부 묻습니다
잘 지내고 있냐고
잘 잤냐고
좋은 꿈 꾸었냐고.

사랑하니까 7

올 들어 가장 추운 날
아침은 먹었는지
옷 따뜻하게 입고 출근했는지
생각이 바빠집니다.

사랑하니까 8

혼자 걸으며
그대 생각만 하여도
함께 걷는 듯
발걸음 가볍고
콧노래가 나옵니다.

사랑하니까 9

노래 들을 때도
친구랑 얘기할 때도
밥을 먹을 때도
잠들 때도
온통 머릿속엔 그대 생각뿐.

사랑하니까 10

그대 생각만 해도
미소 가득
입꼬리가 귀에 걸립니다.

사랑하니까 11

차 한 잔 마시려는데
벌써 잔 속에는
그대 얼굴
그려져 있습니다.

사랑하니까 12

내가 이뻐졌다고 합니다
누구랑 사귀냐고 합니다
내 얼굴에 사랑하고 있다고
쓰여져 있나 봅니다.

사랑하니까 13

평소엔
별 뜨면 별 떴나 보다
달 뜨면 달 떴나 보다
했습니다
오늘 밤은 유난히
달도 자꾸 쳐다보고
별도 자꾸 헤아려 봅니다.

사랑하니까 14

눈 오는 것도 나폴나폴
나비 춤추는 것도 나풀나폴
소녀 되어져 나폴나폴.

사랑하니까 15

친구와 공원에 놀러와
벤치에 앉아 얘기했던 곳
그 사람과 또 다녀왔다
같은 공원 벤치인데
느낌이 전혀 다르다.

사랑하니까 16

데이트하며
사 먹은 호떡
진짜로 꿀맛.

사랑하니까 17

새벽녘
기도하려고 앉으면
제일 먼저
그대 이름이 달려온다.

사랑하니까 18

창밖에 내리는 눈발 바라보며
혼자 웃는 내 모습
영락없이
바보.

사랑하니까 19

전화기 속에 들려오는
그대 목소리
창밖 내리는 눈처럼
감미롭다.

사랑하니까 20

새벽녘부터
사랑한다며 이름을 불러 봅니다
받아 줄 거라 믿고
마냥 어리광 부립니다.

사랑하니까 21

내일 만나기로 약속했습니다
설렘으로 잠을 이룰 수가
없습니다
왜 이리 더디 날이 밝아올까요.

사랑하니까 22

마주 보고 그대의 얘기
듣노라면
뭐가 그리도 좋을까
뭐가 그리도 재미날까
까르르까르르
숨넘어가요.

사랑하니까 23

달도 별도 따 주겠다
다 따 주겠다 하니
믿고 기다립니다.

사랑하니까 24

문득문득
보고 싶음은
시도 때도 없고
장소도 따로 없어요.

사랑하니까 25

하루하루가
어찌 이리도 짧은지
어찌 이리도 빠른지.

사랑하니까 26

어제도 오늘도 내일도
우리의 미래를
꿈꿔요.

사랑하니까 27

미워할 시간이 없어요
진짜라니까요.

사랑하니까 28

가슴속이
애를 태우게 하고
눈물 흘리게 하기도 해요.

사랑하니까 29

서로의 마음에
어여쁜 새싹을
키워 가요.

사랑하니까 30

어떤 비바람도
어떤 눈보라도
무섭지 않아요.

사랑하니까 31

매일같이
복사꽃 살구꽃 진달래꽃 피는
봄날입니다.

사랑하니까 32

그대만
아프게 할 수 없다.

사랑하니까 33

따로
울타리가
필요 없어요.

사랑하니까 34

어제와 오늘과 내일이
따로 없네요.

사랑하니까 35

눈길이 자꾸 전화기에
손끝이 자꾸 전화기에.

사랑하니까 36

맛있는 음식 먹는 중에도
마음은 온통 그대 생각뿐.

사랑하니까 37

그대에게 매번
깜짝 놀랄 만한 선물을
하고 싶어요.

사랑하니까 38

그대 생각만 해도
속이 타고
목이 타들어가요.

사랑하니까 39

그대 보고파
자꾸 눈이 짓물러요.

사랑하니까 40

시샘하는 봄바람이 덩달아
연분홍 살구꽃에게
장가들고 싶어 하네요.

사랑하니까 41

까르르까르르 웃음소리
담장 넘어 가니
개나리꽃들이 기웃기웃.

사랑하니까 42

물레방앗간의 속삭임에
길섶 풀벌레 노랫소리도
숨죽이네요.

사랑하니까 43

나만 믿으란다
호강시켜 준다고
새끼손가락 약속
엄지손가락 도장
손바닥으로 복사.

사랑하니까 44

그날이 그날 같았던 나에게
구름 타고
꽃길 걷는 기분을
안겨 주었어요.

사랑하니까 45

하루 종일 그대 생각
그것도 부족하여
잠들지 않고
눈 뜬 채 꿈꾸어요.

사랑하니까 46

사랑한다고 말하고 싶은데
입술이 마음대로 안 돼요.

사랑하니까 47

바람 편에 전해 오는
라일락 향기에서도
그대를 느낍니다.

사랑하니까 48

만나서 할 얘기가 너무도 많아요
막상 만나면 다 꿩 구워 먹었나
다 잊어 버려요
집에 와서야 머릿속에서만 뺑뺑 돌아요.

사랑하니까 49

생각만 하여도
눈시울에
그대가 그려져요.

사랑하니까 50

그리움을
가슴 가득 담아 두어도
무겁지 않아요.

사랑하니까 51

어느 날부터 하늘 날고 있는 새장 밖의 파랑새가 되었어요.

사랑하니까 52

가슴으로 절절하게
아쉬움과 서운함이 앞서요.

사랑하니까 53

그대가 타고 다녀간
고속버스가 꽃 가게 앞을 지나가요
혹여 저 차 타고 또 오는 것은 아닐까
설렘이 마냥 출렁거려요.

사랑하니까 54

납작 엎드려 있는
작은 청보라색 제비꽃
바람에 쌩긋쌩긋
그대의 눈망울 닮아
이리도 이뻐 보이나요.

사랑하니까 55

들녘도 가슴도

온통 붉디붉은 단풍잎으로 물들어 갑니다.

사랑하니까 56

달빛도

그리움을

둥글게 둥글게

그려 놓습니다.

사랑하니까 57

땅거미 지는 저녁
어스름이 꼬리 끌며
그대 그림자 업고 오네요.

사랑하니까 58

만나고 돌아오는 길
보고도 부족해
혹여나 다시 부를까
자꾸 뒤돌아보아요.

사랑하니까 59

콧속 건드리는 향기
슬그머니
그대 가슴까지 파고들어요.

사랑하니까 60

그대 만나러 가는 날
설렘이 앞서 가고
꽃단장을 준비해요
거울 앞에서
이 옷 저 옷 이리도 저리도 입어본다.

사랑하니까 61

받는 느낌보다
주는 느낌이
더 설레고 행복해요.

사랑하니까 62

정성 들여 차린 밥상
뭐가 그리도 서운한지
자꾸 반찬을 그대 앞으로 옮겨 놓아요.

사랑하니까 63

있는 그대로의 모습을

이쁘다 이쁘다 해요.

사랑하니까 64

그댈 보고 있어도

더 보고 싶어요.

사랑하니까 65

지난날 추억들이
여전히
미소 짓게 합니다.

사랑하니까 66

미용실에서
파마를 했던 날
달라진 내 모습
아름답다 합니다.

사랑하니까 67

손에는 까만 비닐봉지
내가 좋아한다고
늘 붕어빵 사다 안겨 줍니다.

사랑하니까 68

백합꽃 바라보며
그 향기가
날 닮았다 합니다.

사랑하니까 69

들길에서 만난 산국화
그 은은한 향기조차
그대 사랑한다 속삭입니다.

사랑하니까 70

기념일을
다 기억해 주고
설렘으로 축하해 줍니다.

사랑하니까 71

평소에 조금만 아파도
엄살쟁이
대접만 받고 싶어 해요.

사랑하니까 72

콧노래 부르며
그대가 좋아하는 음식
준비하는 손끝
피아노 건반 두드리는 소리 같아요.

사랑하니까 73

통장으로 용돈 입금될 때마다
뜨는 문자
맛나는 거 사 먹어요.

사랑하니까 74

텃밭에 땀 흘리며
고구마 순 심어놓고
사랑꽃 피길 기다려요.

사랑하니까 75

그대와 밟는 낙엽 소리
유난히도 바스락바스락.

사랑하니까 76

해바라기에 반했다고
빵긋빵긋 웃으며
나만 바라봅니다.

사랑하니까 77

마음속에는
하늘이 들어 있고
구름 속에는
시심이 안겨 있고
그리움 속에는
그대가 서 있다.

사랑하니까 78

살랑살랑 웃으면서

좋은 것만 보려 해요.

사랑하니까 79

얼음땅에서
외로움과 그리움이
꽃을 피워요.

사랑하니까 80

더도 말고 덜도 말고

지금이 정말 좋아요.

사랑하니까 81

작은 것에서
행복을 찾으며
느낀다.

사랑하니까 82

어여쁜 햇살이 창문 넘어
시선을 사로잡아놓고
가슴 깊이 파고들어 속삭입니다.

사랑하니까 83

풀벌레 울음도
가까이 들어주며
그 울음의
사연을 알려고 한다.

사랑하니까 84

환하게 웃는
그대의 웃음 속에서
밝은 하늘을 느낍니다.

사랑하니까 85

눈보라 속에서도
그대의 숨결인 양
그리워하는 날입니다.

사랑하니까 86

외로워 보이는 모습
꼭 안아주고프다 합니다.

사랑하니까 87

굳이 억지로 머리에
기억하지 않아도
언제나 가슴속에
꽃으로 피어 있다.

사랑하니까 88

그리운 그대 소식은 봄보다
먼저 앞서 오겠지요.

사랑하니까 89

내가 아파하면
그대도 아파할까 봐
고운 생각만 품고 있겠습니다.

사랑하니까 90

긴긴밤 달그림자
잠 못 이루고
창문 두드리는 소리
나의 목소리로 들린다 합니다.

사랑하니까 91

사랑하니까 사랑하니까
혼잣말로 수시로 중얼거렸다
진짜로 그댈 사랑하게 되었습니다.

사랑하니까 92

한 번 맺은 인연
이리 보아도 내 사랑
저리 보아도 내 사랑.

사랑하니까 93

눈에 보이지 않는
신께 기도합니다
동반자 그대를 위해
기도합니다.

사랑하니까 94

그대의 모습에서
밝아지는 나를
읽습니다.

사랑하니까 95

매 순간순간
그대가 떠오를 때마다
때와 장소 가리지 않고
진실된 맘이 앞서 기도합니다.

사랑하니까 96

노을빛이 아름답다 합니다
같은 곳 같은 방향을 바라보며.

사랑하니까 97

말하지 않아도
그 마음
읽어 주고 믿어 줍니다.

사랑하니까 98

그 어떤 표현도
강요하지 않습니다
스스로 행동하게 합니다.

사랑하니까 99

그대의 사랑으로
선택 받았음을
항상 감사합니다.

사랑하니까 100

찻잔 앞에 마주 앉은 행복 좋아라
히죽히죽 웃습니다.

사랑하니까 101

나이 들수록

더 소중히 다가옵니다.

사랑하니까 102

여태
눈물 흘리게 했던 것
용서를 합니다.

사랑하니까 103

어느 누구에게도

뒤돌아보지 않아요.

사랑하니까 104

비바람이 흔들어도
그대에 대한 생각은
변하지 않아요.

사랑하니까 105

구름에 가려 있어도
그대 생각도 그대 모습도
다 보여요.

사랑하니까 106

꽃샘바람이 찾아와 흔들어도
그 자리 그 꽃으로 피어 있어요.

사랑하니까 107

영화 보는 눈은
화면에 있는데
자꾸 손이 잡고 싶어져요.

사랑하니까 108

손 시리다고 호호 불며
들어오는 추억의 손 잡아 주며
따뜻한 아랫목 내어 줘요.

사랑하니까 109

그대와 나란히 걷는데
그림자도 똑같이 곁눈질하며
우릴 따라와요.

사랑하니까 110

식탁에서 밥을 먹는데

내 젓가락은 반찬 집어

자꾸 그대 밥그릇 위에 있어요.

사랑하니까 111

추운 날 데이트 약속
시간보다 늦게 도착하여
미안한 마음에 쩔쩔매는데
그대는 환하게 웃는 얼굴로
사고 난 줄 알았다며 손잡아 줘요.

사랑하니까 112

그대랑 영화 보면서
팝콘 집는 손이
자꾸 부딪치며
소리 죽여 호호 웃어요.

사랑하니까 113

겨울 햇살
가슴속 깊이 파고들어
눈부시게 미소 짓는데
그대 앞에서 행복할 때 짓는
바로 그 미소였어요.

사랑하니까 114

들길 걷다가
코스모스 꺾어
머리에 꽂아 주고는
이쁘다 이쁘다 해요.

사랑하니까 115

그대랑 서운한 말
철썩철썩 한다 해도
상처 되지 않고
금세 잊혀져 버려요.

사랑하니까 116

그대가
눈을 감아 보라 하더니
두 손으로 볼을 살포시 감싸 쥐고
이마에 뽀뽀해줘요.

사랑하니까 117

봄비 촉촉이 내리는 날
노오란 우산 들고
마중해요.

사랑하니까 118

생각이 가끔씩
서로 너무나 어긋나는 날이면
그대가 한 발치 물러나 줘요.

사랑하니까 119

눈 위에 그대와 함께
발자국 남기며 걷다가
꽃샘바람 불어오면
야생화 안부 물어요.

사랑하니까 120

그대와 함께하는 시간이 좋아요
세월이 째깍째깍 간다 해도
오늘이 참 좋아요.

고연주 시인의 시 세계
- 카이로스적 변신으로 이룬 사랑

강기옥
(시인, 국사편찬위원회사료조사위원)

왜 사느냐고 물으면 망설이지 않고 선뜻 답할 이유가 있는가? 삶의 근원적인 문제를 꼬집는 이 질문은 가장 평이하고 일상적인 것이라서 쉬운 듯 하지만 답하기가 어렵다. 그래서 김상용 시인은 「남으로 창을 내겠소」라는 시에서 '왜 사냐건 웃지요'라며 구름에 달 가는 듯 두루뭉수리한 시구로 노래했다.

고연주 시인에게 이 질문을 던지면 '사랑' 때문이라고 즉답을 할 것이다. 그녀에게 사랑은 곧 생명이요, 이 세상을 사는 이유이기 때문이다. 『사랑하니까』라는 제하에 묶

어낸 120편의 시를 읽어 보면 곳곳에 널브러진 진주알들을 하나하나 주워 꿴 목걸이 같다. 어렵고 쑥스러운 것이 사랑의 고백이라는데 어쩌면 그렇게 사랑의 속성을 톡톡 튕기며 토해내는지 사랑의 달인이다. 가슴에 손만 대면 터져 나올 것 같은 사랑주머니가 봉숭아 씨주머니처럼 통통 여물어 있다.

고연주 시인의 시편들을 읽으면 '사랑의 속성', '존재감의 확인', '사물의 변환', '시간의 개념' 등으로 대별할 수 있다. 그중 사랑의 속성은 1, 2, 8, 56, 59, 61, 64, 90, 98, 115편을 들 수 있는데 시집 전체의 기류를 관통하는 도입부로서 '사랑하니까'를 쓰는 발단의 역할을 한다.

> '그대를 이렇게/가슴 가득 품고 있으니/나는 부자입니다/세상을 다 가진 것 같습니다'
>
> -「사랑하니까1」 전문

> '이 세상 그 어디에도/그대보다 멋진 사람이/보이지 않습니다/이미 눈멀고 귀 멀었나 봐요'
>
> -「사랑하니까2」 전문

사랑의 속성은 그런 것이다. 눈이 멀고 귀가 멀어야 진정한 사랑이다. 다른 조건들을 일체 따지지 않고 자신의 감정에 충실하는 것, 그것이 정열적 사랑이다.

존재감의 확인은 관심과 사랑에서 비롯된다. 매일 다니는 길에서도 관심이 없으면 예쁘게 피어 있는 꽃조차 있는지 없는지 확인하지 못한다. 그러나 사랑하면 작은 돌부리조차 감지한다. 그렇게 존재감을 확인하기 위해 쓴 시가 김춘수의 「꽃」이다. '내가 그 이름을 불러주기 전에는/그는 다만/하나의 몸짓에 지나지 않았'으나 '내가 그의 이름을 불러주었을 때/그는 내게로 와서/꽃이 되었다'는 시다. 이 시는 사랑과 관심이 존재의 전제임을 확인케 한다.

> '어느 날 꽃으로 피었습니다/그대는/나만의 꽃이라 말합니다'
>
> -「사랑하니까4」 전문

> '바람 편에 전해 오는/라일락 향기에서도/그대를 느낍니다.
>
> -「사랑하니까47」 전문

그 외 51, 68, 94, 96편들이 꽃과 더불어 사랑으로 존재감을 확인하는 시다. 사랑을 통해 자신의 존재감을 확인하는 일은 즐겁고 행복한 일이다. 사랑은 항상 상대적인 것이기 때문이다.

사물의 변화는 사랑하기 때문에 대상이 더 아름다운 존재로 승화되어 보이는 도착적 상태를 말한다.

'그대와 밟는 낙엽 소리/유난히도 바스락바스락'

-「사랑하니까75」 전문

'살랑살랑 웃으면서/좋은 것만 보려 해요'

-「사랑하니까78」 전문

'환하게 웃는/그대의 웃음 속에서/맑은 하늘을 느낍니다'

-「사랑하니까84」 전문

사랑하면 예뻐진다고 했다. 유행가 가사에도 숱하게 나와 식상한 말처럼 보이지만 실상 그 내면에는 시적인 의미가 숨어 있다. 사랑하면 천사로 보일 수도 있고 사슴이나 예쁜 꽃으로도 보일 수 있는 변환의 기제(機制)다. 사랑의 대상이 누구이든 상관없이 보다 더 환상적인 대상으로 치환하여 보이는 그 순간에 느끼는 행복은 더없이 크고 만족하다. 고연주 시인은 그렇게 자기도취적 경지에 빠져 미치도록 사랑하고픈 대상을 그려냈다. 그래서 행복한 것이다. 76, 78, 84편 등이 같은 부류의 작품이다.

시간의 개념에 대한 인식의 변화다. 사랑하는 사람과 같이 있으면 아무리 긴 시간도 지루하지 않다. 오히려 아쉽다. 하루를 같이 있으면 또 하루를 더 같이 있고 싶은 것이 사랑이다. 고연주 시인은 사랑으로 물리적 시간의 개념을 초월했다.

> '내일 만나기로 약속했습니다/설렘으로 잠을 이룰 수가/없습니다/왜 이리 더디 날이 밝아올까요'
>
> -「사랑하니까21」 전문

> '그대와 함께 하는 시간이 좋아요/세월이 째깍째깍 간다 해도/오늘이 좋아요'
>
> -「사랑하니까120」 전문

고대 그리스인들은 시간을 카이로스(kairos)와 크로노스

(kronos)라는 두 가지 개념으로 파악하여 인식했다. 그 중 크로노스는 물리적 시간을 뜻한다. 사랑하는 사람과 같이 있거나 미워하는 사람과 같이 있을 때를 구분하지 않고 정확하게 흐르는 시간이다. 이에 비해 카이로스는 심리적 시간을 말한다. 사랑하는 사람과 같이 있으면 아무리 긴 시간도 지루하지 않고 오히려 헤어지기가 싫어지는 마음의 시간이다.

고연주 시인은 사랑에 빠져 모든 시간을 카이로스적 개념으로 인식하고 있다. 사랑에 빠지면 그래야 한다. 그런 맛에 사랑이 이루어진다. 시간의 개념도 초월해버리는 사랑으로 세상을 살아가는 고연주, 그녀는 이미 속세의 경지를 초월한 시인으로서 또 다른 세상에 살고 있다. 그것이 시를 쓰는 재미요 시인만이 누리는 특권이다.

76, 78편에 이르는 카이로스적 사랑은 이 세상을 향한 사랑으로까지 승화되기를 바라며 계속하여 이런 류의 시들을 양산하기 바란다. 세상의 모든 사람들이 이런 사랑에 빠져 산다면 세상은 저절로 활기차고 밝아질 것이기에 시인이 많은 세상은 그래서 아름다운 것이다.

고연주 시인은 이번 베트남 답사(2018.3.13.~3.17.)여행에 동행하여 알게 되었는데 그동안 깊은 교류가 없었는데도 그녀의 내면에 자리한 폭발적인 시심에 놀랐다. 귀국 후 추천사를 써달라며 보내온 시를 보며 직감적으로 일본 하이쿠(俳句)에 견줄만한 작품이라는 느낌에 또 다시 놀랐다. 더구나 언뜻 보면 평범한 일상의 언어 같아 보이는데도 전편을 관류하는 주제의식과 행간을 처리하는 방법이 만만치 않아 상당 기간의 수련이 있었으리라 직감했다.

하이쿠는 3장6구의 우리나라 시조보다도 짧은 형식의 시다다. 5-7-5의 17자에 세상을 보는 감상과 느낌들을 담아내는데 이 짧은 시에 서양인들이 매료되어 하이쿠를 즐긴다. 고연주 시인도 하이쿠나 시조의 형식을 연찬하면 더 좋은 작품을 써낼 수 있으리라는 기대감으로 전편을 탐독했다. 사랑에 빠진 그녀의 시들을 읽으면 읽을수록 미국 스텐버그 박사가 제시한 '사랑의 삼각형 이론[Triangular theory of love]'이 떠올랐다.

스텐버그 박사는 사랑의 3요소를 '친밀감', '열정', '헌신'으로 제시했는데, 친밀감은 사랑의 정서적 측면, 혹은 따뜻한 측면을 나타내고, 열정은 사랑의 동기적이며 뜨거운 측면, 헌신은 사랑의 선택적 측면 혹은 행동적 측면을 대변한다. 특징은 사람의 삼각형은 한 변만 있거나 두 변만 있어서는 안 되며 완전히 세 변이 동일하여 삼각형의 면적을 넓혀야 한다는 이론이다. 삼각형의 면적이 넓으면 넓을수록 사랑의 폭이 크기 때문에 어느 한 변이 짧아도 안 되며 세 변이 같은 정삼각형을 이루어야 한다. 심리적 내면을 가시적으로 추출해낸 연구에 의해 사랑을 측정해낼 수 있는 요소를 추출하고 이를 적용해 낸 이론이 탁월하다. 고연주 시인이 쓴 사랑시들을 삼각형의 원리에 적용해 보면 사랑의 크기와 심리적 상태를 가늠하기에 좋은 매가가 된다.

보이지 않는 사랑을 양적으로 표시하여 완전한 사랑을 이루기 위한 이론을 구체적으로 분석하면 '친밀감+열정', '친밀감+헌신', '열정+헌신'과 같은 사랑은 완벽한 사랑이 아니므로 '친밀감+열정+헌신'의 상태를 이루어야 한다는 결론을 제시한다.

고연주 시인의 시들을 위 공식에 대입하면 아무래도 정삼각형보다는 열정과 헌신이 더 긴 이등변삼각형의 형태다. 자신의 희생을 강조하는 사랑, 굳이 상대방의 사랑을 요구하지 않으면서도 지켜보는 가운데 스스로 만족하는 사랑이다. 그런 헌신적 사랑이기에 소중하다. 보다 더 완벽한 정삼각형의 사랑인지의 여부는 다음 시집을 통해 관

찰해봐야 할 대상이다. 상대방에 대한 사랑으로 서로가 느끼는 친밀감이 드러나지 않았기 때문이다. 어찌 보면 일방적인 사랑으로 짝사랑과 같은 사랑일지 모르나 그녀의 시에 나타난 것처럼 받는 사랑보다 주어서 기쁜 것이 고연주적 사랑이다.

첫시집 『사랑하니까』 상재를 축하한다. 아직 이등변 삼각형의 사랑처럼 보이지만 사랑을 주제로 한 '사랑시'만으로 충분히 시집을 상재한 만큼 정삼각형의 사랑을 이루기 위한 제 2 시집이 나타나기를 기대한다.

2018년 3월

문형산 천수재에서